JN440216

그렇게
소녀가 되어갈 무렵

곽정숙 시집

문학의전당 시인선
170

그렇게 소녀가 되어갈 무렵

곽정숙 시집

문학의전당

시인의 말

쇼윈도 앞에 서 있는 시간이다.
입은 옷이 겉돌지 모르겠지만 용기를 내어본다.
시를 만나면서 수없이 고민과 좌절을 반복해야 했지만
이제 계절이 바뀌고 있으므로
나 또한 새로운 옷으로 갈아입고 싶어서이다.
그리고 당당하게 네 앞에 서고 싶다.
투명한 가을 햇살처럼……

2013년 11월
곽정숙

차례

제2부

제3부

제4부

제1부

로사 오도라타(R. odorata)

벽에 거꾸로 매달린 채 몇 년이 지난
꽃을 떼어낸다

곰팡이가 핀 꽃잎들
손끝이 닿을 때마다 부스러지고

한 번쯤,
지난 시간을 정리했어야 했다
배설되지 못한 시간이 굳어지기 전에

꽃이 그런 것처럼
우리가 말하는 추억이니 기억들
손끝이 닿아 부스러지기 전에
정리해야지

내일은
오랜 기억이 탈색된 벽에
빨간 장미 한 송이 걸어야겠다

도마

손톱이 잘려나갔다
내 몸으로 들어서던 칼날이 그만,
방향을 바꾼 탓이다

마지막 숨을 고르던 광어의 숨결이 버거워
돌아눕고 싶었던 것처럼
팔딱이던 놈들의 눈물이 스며든 몸을
뙤약볕에 말린다
부풀어 오른 생의 허물을 벗겨내어
흰 속살로 다시 태어나고 싶은 것처럼
양파 대신 손톱을 잘라버린 칼날은
이제 그만 쉬고 싶었는지 모른다

새까맣게 변해가는 몸뚱이로도 아직,
더 받아내야 할 상처가 남았겠지만
마지막 숨결들이 살아날 것 같은
초초함으로 입이 마르지만

오늘은
뜨거운 물에 몸을 담그고
지난 상처의 허물을 벗겨내어
단단한 몸으로 다시 태어나고 싶다

밤새 달려온 트럭 위 수족관엔
한가로운 광어들이 잃어버린 눈을 찾아 빙빙 돌고 있다

오후

장롱 속에서 오래도록 얼룩지고 묵었던 옷가지들
따가운 햇볕에 내어 넌다

진드기처럼
붙은 먼지가
올올이 박혀 옷감을 파먹고 있다

저녁마다 아내의 손톱에 생채기가 난 그 자리에
진드기는 붙어 떨어지지 않는다

덧난 상처의 먼지가 옹골차다

햇볕에 내다 널면
좀 먹은 자리가 없어지는 걸까
덧난 상처는 아무는 걸까

다시금 상자에 넣어 동여매보는 햇볕 따사로운 오후

철새

운무가 끝나갈 무렵
청평호에는 빈 의자만 떠내려갔다

실직된 지 여러 해인 윤씨 아저씨가
청평호 옆 작은 땅에 텐트 치고 사는 동안
그 의자는 언제나 텐트 옆에 놓여 있었다

철거반 사람들이 몰려와
텐트를 찢어버리고
가재도구를 트럭에 싣고 있는 동안에도
주인 잃은 빈 의자는
물 위를 떠내려갔다

철새 한 마리 높게 날아올랐다

완식이 엄마

날이 흐리다

인도에 서 있던 그녀는
어린 강아지 귀를 열어 물오른 이야기를 담으며
가로수 아래에서 나뭇가지로 집을 짓고 있다

오래전,
완식이네 엄마는 뒷산에 집을 짓고
날마다 주워온 옷가지들을 쌓았다
동네 개구쟁이들 장난에 쉽게 부서지는 방이었지만
완식이네 엄마는 정성을 다해 손질했다

뒷산에 오르는 것도 시들해질 즈음
완식이네 엄마는 보이지 않고
성공한 아들이 데려갔느니
누구네 집 헛간에서 죽었다느니
소문만 무성해지고
엄마는 더 이상 대문 앞에 밥그릇을 내놓지 않았다

강아지 인형과 밀어를 나누던 그녀가 나뭇가지를 들어
자신의 종아리를 때리기 시작한다

내 종아리가 아프다

콩을 고르며

콩밭에 콩이 다 튀었다

뜨겁게 덥힌 방바닥에 핏물 밴 콩을 널고
한 바가지 퍼 올려 상 위에 펼쳐놓으면
깨지고 못난 놈부터 손이 간다

못난 놈이 더 맛있는 거라지만
상처 입지 않은 콩들의 입장에서 보면
어머니는 과욕을 부리고 있다

더 깊이 상처 받고 있다

어머니는
환도가 시다는 막내딸이 오자
등줄기에서 땀이 흐르도록 보일러를 올리고
품에 안은 젖먹이를 내려놓을 줄 몰랐다

큰딸도 작은딸도 환도가 시었지만

그러는 것이라고,
아이를 가지면 다 그러는 것이라고

마지막 콩을 고르듯 무심하더니
막내딸을 돌보러 간다며 주섬주섬 가방을 챙긴다

새벽녘에야 콩 고르기를 멈춘 어머니가 잠이 들자
이불에 누워 있던 아버지는
못난 콩들을 상품(上品)이라 지칭해둔 콩들과 섞는다

내가 거둔 콩들은 다 같은 내 자식이라며
힘껏 콩들을 섞는다

구두

굽이 갈린 지 오래다

걸을 때 징소리가 나던 구두를
딸아이가 정성스레 신발장에 올려놓는다

육중한 몸을 실어 나르는데도
고맙다는 말 한마디 해준 적 없고
더 많은 길을 걷느라
더 빨리 걷느라
제대로 마주하지도 못했다

맨홀 뚜껑에 끼어 낑낑대는 나를 버려둔 채
벌겋게 달아오른 얼굴로 뛰어가는 그를
절룩거리며 쫓아가야 했을 때

말없이 나를 지켜준 구두는
언제나 나에게 유배되었었다

내일은 굽 먼저 갈아야겠다

폭우

먹구름이 몰려오더니 회오리바람이 인다
옥상 난간에 놓인 봉숭아 화분이
시멘트 바닥으로 떨어져 깨진다

바람은
등나무 허리를 휘감아 오르고
향나무 밑에 세 들어 사는 박새는
귀를 막는다

쏟아지는 비에 땅이 패는 이런 날이면
박새와 나는
오가는 이 없는 집 한 채 짓는다

내게서
네게로 건너가는
다리 하나씩 나누어 가진다

불거지

투망 속 불거지들
자갈 위로 떨어져 눕는다

늦어진 길 재촉하려 안간힘 쓰지만
두터운 그의 손은
배를 가르고 창자를 꺼내
물 위로 가볍게 흔들어 냄비에 담는다
불거지들 영혼이 흩어지는 시간이다
물 위로 나무들이 들어와 눕고
바람이 어둠을 재촉하자
그는
빨갛게 빨갛게 끓고 있는 찌개에 군침을 흘리며
시퍼런 소주병을 딴다
산란하지 못한 불거지들
우글우글 냄비 밖으로 뛰어 나오고 있다

황등초등학교

나이가 든 운동장은
몸무게도 줄고 키도 줄었다

진흙이 질경질경거리던 길은
시멘트 속으로 단단하게 묻히고

색색이 요란하던 장미농원은
꽃잎처럼 흩어져
은밀한 언어로 남았다

지구대에서 떨어지는 날 구하고
손목이 다쳐 피가 흐르던 친구 얼굴은
현기증이 되었지만
지금도 지구대가 돌아가는 꿈을 꾸는 나는
6학년 건물 앞에 붙어 있는
"철거예정"을 떼어내고 싶었다
코흘리개 아이들 놀이터로 만들고 싶었다

머리가 허옇게 벗겨진 히말라야시다 나무 아래
재잘거리는 아이들처럼 마음만 바빴다

외출

그릇도 나이가 들면 검은 반점이 생긴다
수세미에 닦이고 부딪히며 앓은 잔병치레로
주름지고 이가 나갈수록 생의 집착이 강해지는 법!

한때, 농사꾼의 걸쭉한 막걸리 잔이었거나
해산한 아낙의 미역국 그릇이었겠지만
이제는 제 몸 하나 거둘 수 없어
15도에서 22도 사이의 온도와
습도 55~60%를 정확히 유지하는
항온제습기에 의지하여 연명하고 있다

하얀 시트 위에 누워
주는 대로 먹고 싸고 뒹굴고 있다
그럼에도 정신은 살아 있어
또 다른 세상을 꿈꾼다

얼룩지고 검버섯이 피어오르는
낡고 오래된

이름표를 달고 외출을 기다리는 것이다

그 옆에서 나는
부어오른 얼굴을 매만져본다
점점 짙어지는 장밋빛 루즈를 바르며

버퍼링

너무 느린 거 아닌가요?
책상에 엎드렸다 일어나기를 여러 번,
아직도 버퍼링 중이네요

방바닥에 흘려버린 오줌
발바닥으로 휘휘 젓다가 사위에게 들켜버린 그때처럼
아버지의 기억이 느슨해져요

어제는 평생을 지니고 산 허물들
'내 손으로 태워버려야지' 하더니
전봇대 아래에 불을 지폈어요
소방관들이 와서 빨리빨리를 외쳐대자
그 모습이 좋아서 허허 웃다가 그만,
어머니에게 진탕 욕을 먹고 말았지요

—잠시만 기다려 주십시오. 동영상을 변환 중입니다
주판을 튕기는 경리의 손놀림보다도 빨랐던 암산능력이
돌아오려나 봐요

철길 건너 정씨가 논두렁 깎을 때 가져간 막걸리 두 병도,
몇 해 전 시집온 며느리가 애를 낳았다며
이씨가 가져간 미역 값도
생각이 난다며 침을 바른 몽당연필을 꾹꾹 눌러 벼름빡에 적어놓았지요

—서버를 찾을 수 없습니다
할아버지 집이라고 놀러 온 손녀딸에게
'왜 니네 집 안 가냐?'고 호통 치고는
전봇대를 타고 오르는 불꽃놀이, 손녀딸이 보면 웃을 것 같아
검게 그을린 전봇대 아래를 종일 서성거리네요

모니터가 캄캄해지네요
절약모드로 자동변환 되나 봐요
아버지의 기억도 수면모드로 돌아가려나 봐요
영상 속 우리 아버지도
어둠에 갇히고 있네요

새집

쭉나무가 잘려나갔다

움직이지 않아도 등걸에서 땀이 흐르는 날에
시원한 그늘을 만들어주던 나무였다

나무에 세 들어 사는
새도 집을 잃었다
빈집을 지키던 새의 집이었다

집으로 돌아온 새는 당황하고
빈집은 멀미를 했다

부서진 새집도 멀미가 났다

제2부

장갑

뒷산 옴팍 집에 살던 전씨의 손을 한 번도 본 일이 없다
장갑 속에 감추어진 두툼한 그 손이 늘 궁금했지만
어린아이 간을 빼먹는다는
순덕 엄마가 한 말 때문에 한 번도 가까이 갈 수 없었다
아버지는 어린 나를 앞세워 전씨를 자주 찾았지만
그때마다 그의 집 대문 앞에서 쏜살같이 내빼곤 하였다
전씨는 알록달록한 과자며 눈이 동그란 인형을 멀찍이 서서 건네주려 했고
나는 처음 보는 과자가, 눈이 예쁜 인형이 떠올라
다가갈 용기를 내지 못했다
그렇게 소녀가 되어갈 무렵이었다
마당에 가득 피어 있는 꽃에 홀려
해가 질 때까지 혼자 놀았고
뒤늦게 찾아온 아버지는 방 안에 있는 옷가지들을 꺼냈다
아버지가 어둠 속으로 타오르는 옷가지를 뒤적일 때마다
전씨는 환한 웃음을 보이며 불 속에 서 있었다
두툼한 두 손이 박꽃처럼 희었다

마징가의 힘

고물상을 하는 그
그러나 모아온 고철로
학이며 풍뎅이, 개구리를 만드는 시간이 더 많았다
여자가 나서서 주워온 것들을 정리해야 했다
유원지에서 나온 오리 입에
발목이 물린 채 버둥거린 적도 있었다
그 꼴이 우스운지 헛웃음을 치던 남자는
여자 뒤에 강아지만 한 풍뎅이를 가져다놓고는
반병쯤 남은 소주를 마저 들이켰다
그때마다 세상의 모든 정의가
그의 말 속에 있었다
무쇠 팔 무쇠 다리로 이루지 못할 게 없었다
술이 늘자 고철이 줄었다
여자는 빈병을 모으고
남자는 밤마다 쿵쾅거리며 고철 더미 위를 오르내렸다
여자는 기운 센 그가 깨어나지 않도록
조심조심 북엇국을 끓였다
그리고 그날,

그가 미처 균형을 잡지 못했다는 소식을 들었다

여자는 소주를 들이켰다

그녀가 없다

저녁 어스름이 깔린 시장통은 짐을 꾸리는 사람들로 소란했다
자장면이나 순대국 한 그릇을 먹을까 해서 기웃거리는데
"순이네 아부지 아녀?"
한동안 보이지 않던 서산댁 할머니였다
가끔, 막걸리 한 잔 건네는 사이라
병원 신세를 지고 나왔다는, 부화가 난 애기를 하고는
그녀에게 갖다 주라고 내미는 조기를 샀다

저녁때가 되어도 밥할 생각은 안 하고
고사리 밭에 고부라져 있는 그녀에게 치밀었던 부화가 누그러지고
'조기는 연탄불에 구워야 제맛'이라며
노릇노릇하게 구워낼 생각에 벌써 입안에 침이 고였다

그녀와 며칠 전부터 삐걱거리고 있었다
씨나락도 담그고 밭에다 물도 대야 한다는 말을 뒤로 하고

혼자서 나들이에 나섰던 게 화근이었다
오늘 저녁,
밥상에 조기를 올려놓으며 풀어볼 요량이었는데
열어젖힌 방안에는 텔레비전 혼자 놀고 있었다
앉았다 누웠다 하기를 여러 번, 주섬주섬 일어나 번개탄을 피우는데
그녀가 들어왔다
링거 맞는데 시간이 너무 많이 걸렸다는,
잠깐 정신을 잃었을 뿐인데 영신네가 호들갑을 떤 거라는 말들을
입안에 넣고 오물거리다
뼈 하나 박아 넣은 허리를 두 손으로 받쳐 들며 나갔다
저녁상을 차리러
막 불이 붙은 연탄불에 조기를 구워내러,

오늘 저녁, 조기는 참으로 짜겠다

그릇 닦는 여자

하얀 밥그릇에 켜켜이 쌓인 먼지를 닦는다
지워진 명문과 떨어져 나간 굽도 매만진다
갈라진 틈새로 또 다른 생채기 남지 않도록 조심하면서
한때, 모락모락 김이 나는 밥을
가득 담아 먹이는 어미가 되었을 게다 그녀는,
간장 한 종지와 김치가 전부인 식탁에서
하얗게 빛나는 밥그릇
허기진 배만큼 깊고 넓은 그 주발을
수세미로 박박 문질러 지난 시간까지 닦아내고 싶지만
자꾸만 고단한 시간 위로 눕는 어미가 있어
손길은 더디어지고
갈라지고 검버섯 핀 그녀를 살려내고 있다 나는,
아랫목 이불 속에 감싸둔 고봉밥의 흔적을
허리 굽은 시간을
그리고
푸른 보리의 풋풋한 내음을

늦은 점심

늦은 점심을 먹으려는데 파리 한 마리,
먼저 와 열무김치 위에 앉는다
젓가락으로 툭툭 건드려보지만
국물을 빠는데 집중할 뿐,
자신의 안전에는 관심조차 두지 않는다
얄미운 생각에
두 손바닥을 펴 저놈의 등짝을 납작하게 만들까
생각하다가 그만,
가슴이 먹먹해져서
목울대를 타고 올라오는 비릿한 것 때문에
한술 뜨다만 밥마저 내어주고 말았다

기찻길

어느 날부턴가 심장박동 소리가 커졌다
가끔은 풀벌레가 울고
교회 종소리도 들려왔다

아마도 누군가 터널을 만들고
사랑을 속삭이거나 고해성사를 하는 모양이다
가끔 기차가 지나가고
그때마다 나는
그 기차에 몸을 싣고 싶어 몸살을 앓았다

어릴 적,
기찻길은 동생과 나의 놀이터였다
지나가는 기차 밑으로 고개를 숙이고
건너편에 있는 동생과 이야기를 나누기 위해
있는 힘껏 목청을 높여야 했지만
더 빨리, 더 빨리 달려주기를 기도했다

기차가 꼬리를 감추기도 전에

납작해진 못을 줍다 여러 번 손을 덴 후에야
어머니는 돌아오셨지만
그런 날에는 유난히도 하늘에 별이 총총했다

찬물에 쉰 보리밥을 말아먹던 그날,
어머니는
처음으로 깨끗한 새 옷을 입고
병풍 뒤에서 며칠을 누워 잠을 잤다
그리고 기찻길을 건너간 어머니는 돌아오지 않았다

지금도 내 귀에는 터널이 남아
기차가 소리를 내며 지나가고
가끔 비도 내리지만

오늘은
모처럼 비가 그치고
하늘에는 별들 총총하다

심포항

찍찍
갈라진 등이 가렵다

영식이 엄니가 심고 간 나뭇재만 붉게 물드는데
곧추세운 허리 뉘이지도 못하고
마지막 살점,
갈매기에게 줘버린 맛들의 행렬

자식들 공부시켜야 하는데
시집장가 보내야 하는데
갯벌이 죽는다고, 사람이 죽는다고
아우성이던 함석집도
건너편 녹색 대문집도
이제 빈집으로 남아 말라버린 갯벌을 지키고 있다

어설프게 손님을 맞이하는
꼬막 국수집 여자는
바람에 흔들리는 나뭇재가 예쁘다는 말에

"어찌나 먼지가 날아오는지 살 수가 있어야지. 그래서 심었는디."

통명스럽게 한마디 내뱉는다

물길을 따라가지 못한 맛이
흰 꽃으로 피어난 갯벌에
소나기라도 한차례 퍼부었으면 싶다

비릿한 바다냄새가 그립다

새벽 3시

오래전부터 덜컹거리던 처마가 내려앉았다

몇 년은 묵었을 채전 밭에
쓰러지는 집을 받치고 있던 나뭇가지로
불을 지피던 그날

암내 난 고양이의 암팡진 울음이 스러지고
이녁, 저녁 욕지거리로 떠들썩하던 감나무골 집도
술판이 쌈판 된 명자네 맥줏집도
폭설로 몸살을 앓던 그날

뒷산 언덕바지에 봉긋한 무덤 하나 솟았다

이십여 년을 기다려 고향으로 온 뒷집의 순이가
가진 것 모두 내어놓고
잃어버린 사랑까지 내어놓고
어미의 무덤을,
제 가슴팍을 박박 긁어대었다

참회와 용서를 거듭하며
쓰러진 의식을 곧추세운다
폭설 속에 묻히는
새벽 3시에

그대에게

굳게 닫힌 철제 대문은 녹이 슬었다

집안으로 들어오려는 그대 손에
녹 가루만 묻어났다
끝내 열리지 않는 대문 앞에 서성이던 그대
손 털며 돌아서려 할 때
녹 가루 몇 조금 달라붙어 떨어지지 않는다
나,
그대 심장에 영원히 박히고 싶어졌다

속도

횡단보도 빨간불이 깜박이기 전
속력을 내야 한다고
그래야 건널 수 있다고 재촉하지만
나는
서서히 브레이크를 밟는다
가속도가 붙은 바퀴는
제 살점에 생채기를 내고서야
멈춘다는 걸 알고 있기 때문이다
딱지가 앉은 자리에 새살이 돋아나도
흉터로 남아 아리다는 것을
제 짝이 아닌 바퀴는
자꾸만 헐거워진다는 것을
알고 있기 때문이다
녹색불이 켜지고
브레이크를 밟았던 다리는
심한 통증에 중심을 잃고 만다

기호

새벽 4시,
불려둔 쌀을 냄비에 앉힌다
묵은 김치에 돼지고기를 듬성듬성 썰어 넣은 찌개와
빗물이 들어간 된장을 다독여
아욱국을 끓인다

이슬도 털어내지 못한 상추절이와
잘 익은 생채도 상 위에 올려놓는다

아버지를 위해 만든 턱받이와 깨끗한 걸레도 챙긴다

누룽지를 끓이는 동안 안방에 차려진 상이 푸짐하다
'아버지, 국물은 조금만, 조금만 푸는 거, 알죠?'

말없이 쳐다보는 눈이 휑하다
수저는 들지도 않고 벽에 붙여놓은 달력만 바라본다
농약 집에서 얻어온 달력엔
큼직하게 써놓은 글씨들이 무겁게 매달려 있다

턱받이가 깨끗하다

영정 앞에서

밀가루 공장에 기계가 처음 들어오던 날,
온 세상을 다 얻은 것 같다더니
친구의 배신에 울어야 했던 시간이 너무 길었네요
어린 자식들을 처가에 맡기고 돌아서던
당신이 자는 듯 웃고 있네요
신축공장을 지으려는 꿈은 아직 이루지 못하고

새우잠에 취한 딸이 미워 발로 걷어차고는
다리 아파 죽겠는데 잠만 잔다고 소리소리 지르더니

입속에 약을 넣으려는 딸의 손을
힘껏 물어 피가 흐르게 하더니
그 품에 안겨 가셨네요

정성스레 기르던 베고니아
못 잊어 발이 떨어지지 않는다더니

아장아장 걷던 자식들이 자식을 낳고

아들의 머리끝도 희끗희끗한데
영정 속 당신은 편해 보이네요
참으로 편안해 보이네요

냉장고

밤마다 기차 화통을 삶아 먹은 소리가 난다는 냉장고

닦고 또 닦는 아버지는
제 속살 다 드러내고도 부끄러운 줄 모르는 꽃게들을
비닐 팩에 넣어 꾹꾹 지퍼를 잠근다
딸년이 오면 끓여 먹이리라 마음먹으며
냉동실 제일 안쪽으로 밀어 넣는다

고3에 이미 엄마가 된 딸에게
젖이 잘 나와야 한다며 족발까지 삶아 먹인 아버지였지만
딸을 위해 더는 아무것도 해줄 수 없었다
비가 내리던 날,
까만 눈만 동그란 아이를 남기고 딸은 귀가하지 않았다
출근하는 딸의 등 뒤에 대고 했던
'넌 내 인생에 짐일 뿐'이라는 말만 되풀이해 문을 흔들 뿐이다

금방이라도 '아버지' 하며 마당으로 들어설 것만 같아
집어넣은 게들이 냉장고 안을 긁어대고 있을 뿐이다

펄펄 뛰는 놈들 잡아넣고 야무지게 잠갔는데
곧추선 손톱이 아버지의 가슴을 긁고 있을 뿐이다

서화(瑞花)

만삭이 된 여자는 종일 물 한 모금 넘기지 못하는데
오토바이를 사고 싶다고 조르더니
친구의 오토바이와 함께 잠이 든 남자는
속없이 웃고 있다

작은 공장이지만 이름 석 자 걸고 나니
세상 누구도 부럽지 않다던 남자,
불빛이 좋아 도예공이 되었다던 남자는
도르래를 타고 불 속으로 들어갔다

불 지핀 가마에선 그릇이 익어가고
허기진 진통에도 무디어가는 여자는
같은 자리에 유약만 덧칠하고
밖엔 하얀 눈이 내리기 시작했다
소복하게 쌓이고 있다

제3부

사랑

옥상에서 서너 해를 보낸 의자를 들자
검은 뼈대를 감싸고 있던 푸른 비늘이
마른 잎처럼 부서져 내렸다

물기 없이 자란 나의 사랑도
바삭바삭 부서져 내려
비라도 내릴 양이면
가려진 처마 밑으로 몸을 숨겨야 했다

그대를 만나기 전,
비 맞으며 죽어가는 상상을 했었다

푸른 비늘을 털어낸 의자는
연분홍 페인트칠을 하는
당신 손에 다시 태어나고 있다

삼불사(三佛寺)의 밤

산사의 밤, 눈이 내린다
귀가 열리자 눈이 먼 노승이
밤새 눈의 발자국 소리를 뒤따르며
속진의 지난 시간만 자꾸 붉게 물이 든다

스님의 아버지는 구두수선공이었다
평생을 길에서 남의 낡은 구두를 수선하며
굽은 손마디가 가로수 마른 가지처럼 말라갔던 아버지
그 아버지가 말없이 한 생을 보내며 갔던
길 위에서의 삶을 이제 그가 묵언으로 받아서
이 밤도 잠들지 못하고 목어가 되고 바람도 된다

겨울이 가고 봄날 오후 내가 막 어린 잔때를 벗고
복사꽃처럼 포롱포롱 물이 오르던 사춘기 때였던가
나는 나비가 되고 싶었지만, 아버지는 구두수선공이었고
그때부터 내가 걸어 다녔던 길은 골목골목 어두운 길이었고
흘러도 흘러가지 않던 깊고 검은 물속이었다

그때마다 아버지는 말없이 내 등을 쓰다듬어 주시고
말 많은 세상에서 너희 남매만 지킬 수 있다면
내가 구두수선공이면 어떻고 한겨울 바람지기면 어떠냐고
빛바랜 마분지 위에 검은 구두약으로 서툴게 써주시곤 했다
이제 막 당신의 49재를 끝내고 그 말이 조곤조곤 잠이 드는 밤
속울음처럼 이제야 나직이 불러보는 당신의 이름
아버지!

바람도 없이 눈이 내리고
삼불사(三佛寺) 댓돌 위에 가지런히 놓인 고무신 위로
동백꽃보다 붉은 그 꽃빛으로 내 아버지 다녀가신다
걸어가신다

---

*삼불사 : 경북 경주시 남산에 위치한 사찰.

불꽃

화장을 하려다 거울을 떨어뜨렸다
잘게 금이 간 거울 속
얼굴도 금이 가
두껍게 더 두껍게 화장을 했다
비쩍 마른 오빠가 못 알아볼지도 몰라
젖어있는 소맷자락을 휘휘 저으며 나무랄지도 몰라
어려서부터 불놀이를 좋아하던 오빠는
장대를 든 아버지에게 몰리면서도 담배를 태웠고
철공소 쇠붙이를 연신 두드리는 직업을 가졌다
기분 좋은 날은 아무리 마셔도 취하지 않는다던 오빠는
'불꽃같이 살련다' 노래 부르며
잘생기지도 못한 혹 하나
공기주머니에 매달고 신나게 불꽃을 불렀다
만점에 팡파레가 울리고
만 원짜리 지폐에 침을 발라 노래방 기계에 붙이던 날,
간질을 일으킨 못생긴 혹을 떼어내야 했다

이제

앙상한 나뭇가지처럼 말라가는 오빠는
불꽃을 부르지도
불꽃처럼 살겠다고 하지 않는다
침대에 누워 흐르는 창밖 풍경만 낚을 뿐이다

개나리꽃

온 집안 불을 다 켜고도 침침하다며
그가 부산을 떤다

온몸을 박박 긁어대다
벗겨진 비늘 사이로 흐르는 피를
손가락으로 툭툭 치며 피식! 웃을 줄 아는
이제는 익숙해진 투병생활
몸속에 자라는 종양은 촉이 닳은 형광등처럼 깜박거리고
그의 몸은 자꾸만 어두워진다

중환자실에 누워서야
제대로 갈아 끼운 형광등이 밝다더니
그 빛 때문이었을까?
올망졸망한 어린것들을 불러 아내를 부탁한다
당뇨가 있는 고모부는 팥죽과 콜라를 먹지 말라고
허리가 고부라진 고모 때문에 속이 상한다고
말끝을 흐리더니
'난 노란 개나리꽃이 참 좋은데……' 라며 웃는다

꽃을 보기에는 이른 2월
샛노란 옷을 입은 그가 활짝 웃는다
철없는 개나리꽃이 활짝 피어난다

성주 이야기

'짐성 밥 주고 나무 허고 내려왔드니 힘들어서 잤다'

'짐성 밥 주고 짐치 담어서 따래미헌티 갔다. 힘들어서 잤다'

'새복에 짐성 밥 주고 핵교에 갔다. 바닥쓰기 틀려도 재밌다'

산 말랭이 집에서 태어났다는 김말래 어머니는 짐승을 성(兄)으로 모시는 성(城)의 주인이다 스무 마리가 넘는 개와 십여 마리의 토끼 이름을 외우고 수를 셀 수 없다는 고양이의 얼굴을 기억하는 자상한 성주(城主)다 외도하지 않고 목숨 바쳐 모시는 자들의 지존이다 그들에게 덜렁거리는 글씨를 알려줄 수 있는 유일한 스승이다 오늘도 반타작한 일기를 지고 내려와서 반타작한 받아쓰기를 메고 오르는 그녀, 머리 위로 하얀 눈발이 쌓인다

36.5도

몇 년째 손보지 않은 보일러를 수리했다

고의는 아니었으나
손볼 필요성을 느끼진 못한 나의
체온은 −16도를 유지하고 있었다
몇 겹의 옷을 껴입어도
추위가 가시지 않는 계절이었다
구멍 난 가슴으로 들어오는 바람은
냉각되어 되돌아가지 못하고
여기저기 생채기를 내곤 했다

차츰 얼어가는 나를 발견한
누군가가 보일러 온도를 올리자
방 안이 훈훈해졌다
내 체온은 36.5도
정상이다

겨울나무

법원 앞 가로수에 박힌 하이힐 굽이 엉덩이를 내밀고 있다

엉덩이를 감싼 굵은 철사가 커다란 도장을 끌어당기는지
커다란 도장이 하이힐의 엉덩이를 끌어당기는지
찬바람을 맞으며 왼 종일 서 있다

진액을 빨아먹던 벌레를 털어버리고 싶은 날
마른 가지마저 부러져 내려
쉰 바람을 마시고 있다

삼십 년 지 한 몸도 모자라 주렁주렁 딸린 새끼마저 맡기고
호사를 부리는 막내 딸년
입맛 잃을까 걱정하며 땅으로 내려앉는 어깨를 추켜세워
봄동 겉절이를 버무리는 손이 바쁘던 날

매서운 바람에 몸을 떨고

내리는 눈에 얼굴을 묻어야 했다

누군가 하이힐 굽에 매달려 킹킹대는 소리를 들으며
조용히 봄을 준비하고 있다

변비

변기에 앉아 있는 시간이 자꾸 길어진다
날마다 25g의 식이섬유를 먹어보지만
자꾸만 엉키는 생각들로 고통만 심해진다
힘이 없어 육만 원짜리 링거를 맞았다는 아내는
현관문에 들어서기도 전에 삼겹살을 얘기하더니
고깃집에 앉아 서너 첨 먹다가 누룽지를 시킨다

먹지 않겠다는 내 것까지 시키더니
결국 냉면을 시키며 자신의 누룽지를 밀쳐놓는다
나는 또 그런 그녀가 언제 일어설지 몰라
불판에서 타고 있는 고기며 누룽지를 허겁지겁 먹는다

아내는 재부가 아껴두었다는 뱀술과 홍삼을 얻어서
기분 좋은 날이겠지만
또 얼마큼의 시달림을 받아야 할지 모르겠다

당뇨를 앓고부터 부쩍 심해진 변덕과 투정에
점점 지쳐가고 있다 나는,

그래서 참을성이 한계에 다다르면 화장실을 간다

부부 사이를 가릴 수 있는 유일한 문이 있는 곳,
혼자만의 자유를 누릴 수 있는 공간이 있다는 게
얼마나 고마운 일인지 모른다

오늘 밤은 일찍 자리에 누워야겠다
뱀술의 기운이 아내에게 뻗치기 전에.

정(井)

— 익산시 황등면 황등리 신정 샘

낡은 철조망에 갇혀 있다

물을 퍼 올리는 두레박 속에 간간히 들어오던
어린 물고기들은 빈집을 찾아 떠나고
혈흔이 묻은 오빠 팬티를 들고
'남자도 생리를 하는구나' 킥킥대던
초경을 시작하던 가시내들도
흩어져버린 지금

수없이 방망이질 하던 빨래터 위에도
들풀이 무성하게 자라고
도란도란 사랑을 나누던
연인이 기대던 자리도 이끼가 꼈다

가시내가 여자가 되는 동안 이끼는 뿌리를 내리고,
물고기는 고향을 잃었다
그래도 아직 샘물이 마르지 않은 건
마른 눈물을 훔치며 고향으로 돌아올

물고기들을 기다리고 있는
모자상의 기원 때문일 것이다

석류

그리움도 진해지면 핏빛이 된다

지난 계절
야무지게 여몄던 가슴은
뜨거운 입맞춤에 더욱 타올라
붉게 붉게 익어가고

굳은살 박인 성감대는
부드러운 손길에
긴장을 푼다

아!
주체할 수 없는 사랑에
몸 열어
쏟아내고야 마는
가슴앓이!

솔섬

소나무에 걸린 해가 넘어가지 못하네요

밥숟갈에 퍼 올린 밥알을 넘기지 못해
꺽꺽대던 어머니의 목울대처럼
가지 끝에 매달려 부풀어 오르네요

평생을 열어젖힌 어머니의 가슴팍처럼
길을 열어 품안으로 오라 하네요 바다는,

아마도 섬이 솟아오른 후 잠깐 살았다던
남자의 얘기를 들려주고 싶었던 게지요
그래서 저고리 고름을 푼 채로 살았다던
여자의 옷고름을 매어주길 바랐던 게지요

소나무에 걸려 내려오지 못하던 해가
천천히 내려오고 있네요

육체모독

갈 곳 잃은 이는 안다
기침은 길고도 끈질기다는 것을

온기 잃은 지 오래인,
암내 난 고양이의 사랑 놀음만 무성한 간이역에
어제보다 늦은 잠을 청하는 밤은

19세 관람 불가인 영화의
여주인공이었다는 그녀를 껴안고
참았던 욕정을 뿜어내는 시간이었다

날이 밝아오기 전,
아직 가슴 위에 엎드려 있는
젖은 몸의 그녀를 조심스럽게 들어 올렸을 때 나는,
뒤틀린 입술의 움직임을 읽어야 했다

멀쩡한 사내가 제 구실을 못하는 건
육체모독이 아니겠느냐는

다방에 걸려 있던 여자의 앙칼진 목소리였다

마른기침을 멈추고
아직은 더딘 기차를 기다리는 동안
그녀의 젖은 몸도 마르고 있다
몸을 웅크려 다른 생으로 화하는 관세음보살이다

사진

서른도 안 된 엄마아빠의 웃음이 해맑다
형이 입고 있는 유치원복이 탐이 난 동생은
옷소매를 잡아당기고
그래도 마냥 즐거운 형은 카메라를 보고 웃고 있다

아직 세상 밖으로 나오지 못한 막내는
자궁 속이 잘 보이도록 자꾸만 밀쳐대지만
아직은 어둠이 더 많은 공간이다

사진사의 셔터 소리와 함께
빠져나간 아버지는 돌아오지 못하고
아직도 서른을 넘기지 못한 엄마는
천진한 웃음으로 우리를 바라보고 있다

이제는 나보다도 더 어린 모습으로

제4부

오월

비가 내릴 거라는 예보도 없이 비가 내렸다

우산이 없는 사람들
웅크린 가슴 안에 머리를 집어넣고 뛰어가는데
온몸으로 비를 맞는 그녀가 여유롭다
예보 없이 내리는 게 어디 비뿐이랴!
사랑도, 이별도, 죽음도
예보 없이 찾아온다

빗물에 젖은 상처는
자꾸만 연고를 밀어내겠지만
소독을 하고 반창고까지 눌러 붙이고 나면
꼼짝없이 갇힌 상처는 흉터로 남아야 한다
새살로 돋아야 한다

오월의 비는 단맛이 난다

적벽강

붉은 벼랑 아래 배 띄우고
검푸른 물빛을 따라가는 오후
당신은 운해 속에 갇히고
나는 선 채로 바위가 됩니다

붉은 꽃으로 피어나
바람을 재우고

수정단 정자에 앉아
술만 따르는 당신 앞에
저미는 가슴 다 내어놓아야 합니다

가을

수줍은 노을이
당신 문 앞에 서 있습니다.
말없이 장작을 패는
등허리 위로
슬그머니 손을 얹어 봅니다

끝내 모른 척
딴청만 피우는 당신이지만
미워할 수 없기에

등불 하나 켜고
당신 문 앞을 서성이고 있습니디

아프로디테의 눈물이 되어
빨간 장미꽃으로 피어나고 있습니다

그녀가 웃고 있다

줄지어 서서 머리를 조아린다

배시시 미소만 지을 뿐인 그녀 앞에서
자신의 이름을 맞게 썼는지 확인하며
흰 봉투를 건넨다

안내를 받으며 자리를 잡은 그들은
육개장에 밥 한 그릇 뚝딱 해치우고
소주잔에 지난 시간을 묻는다
그녀는 말없이 빈 잔을 채워준다

취기가 오른 남자들은
'빈자리는 빨리 치워야 해'라며 잔을 내려놓는다
그녀가 차려놓은 밥상을 받고, 술상을 받으며
밀어낼 궁리를 하는 것이다
그래도 그녀는
묵묵히 반찬에 조미료는 많이 들어가지 않았는지,
음식이 짜지는 않은지를 살핀다

습관이 되어버린 걱정으로
많이 슬퍼하지 않기를
밥은 꼭 챙겨 먹기를
그래서 아프지 않기를

남자들을 위해 마지막 기도를 올리고 있다

노을이 질 때

검버섯이 핀 할머니 얼굴에
노을이 내려앉고 있었다

거친 할머니 손등을 어루만지는 할아버지 손으로
소아마비 아들을 등에 업고 쓰러질 듯 들어오는 할머니가 보인다
할아버지는 자전거 페달을 힘껏 밟았다

날마다 논둑의 이슬을 털며 돌아오는 그 밤에
밤새 불 밝히고 앉아 있는 할머니가 번지고 있다

시간으로 얼룩진 창호지
늦가을 찬바람에 떨고 있다

소주

고량주를 먹고 소주를 마셨더니 밍밍한 물맛이 났다

화강암을 자르던 기계에 오른 손목이 잘려나가고
병원비를 구해 오겠다고 나간 아내는 돌아오지 않았다
한 개 남은 라면마저 떨어지던 날,
어린것들은 밥해 달라 조르고
이장이 와서 공사장 김씨와 함께 다니는 아내를 본 사람이 있다고 말해주었다

나는 벌컥벌컥 소주를 마셨다
식도를 타고 들어간 소주는 장을 건너지 못하고
짠물이 되어 눈으로 흘러내렸다

어린것들이 머리맡에 쪼그리고 앉아
짭짤한 소주를 찍어내고 있다
내 어린것들의 얼굴이 자꾸만 흐려지고 있다

꽃이불

당신 손으로
꽃무늬 이불을 사는 일은 없었을 것이다
집 나간 남편이 공사장 계단에서 굴렀다는
전화만 아니었더라면

어수선한 집안이 싫어
병신자식 아비가 되기 싫어
젖 물린 아이 안고 뛰어 나오는
아내를 뒤로하고
내달았던 사십여 년이었다

장롱 깊숙이 넣어두었던 고지 삯이 없어졌을 때
이른 새벽 황톳길을 걸어
남편의 실종신고를 해야만 했던 시간 동안

제 어미 가슴팍에서 놀던 아들은
집 떠나던 그때의 아버지가 되어
차가운 침대에 누워 있는 사람과 낯설게 마주하고 있다

꽃이불을 덮어주는 손끝이 떨고 있다

벽 1

어둠을 갉아 먹으며 자라는 벽은
늘 배가 고팠다
빛바랜 결혼사진도
해가 바뀐 지 오래인 달력도
모두 먹어치웠지만 허기는 가시지 않았다

사랑에 목이 마르고
묵은 정에 애가 타지만
너에게로 가는 길
너무나 멀어 지쳐간다

밤새 언 땅
아침햇살에 녹아내리듯
너에게 다가가는 무거운 마음도 녹아내려
따사로이 다가가고 싶다

벽 2

선술집에 앉아 동동주와 파전을 시켰다

밖엔 함박눈이 내리고
총총걸음치는 사람들이 보인다
재생되어지는 목소리에 한계를 느낄 즈음,
그녀의 시선이 옮겨 간다
'사랑한다! 사랑한다!'

한때,
빼곡한 벽의 낙서들을 헤집고
'우리는 영원히' 하고 적었던 적이 있다
그 위에 누군가 또 낙서를 하겠지만
낙서는 지워지기 위해 태어나는 것이므로

침묵은 그녀와 나 사이에 벽을 만들고
나는 엷은 막 속에 갇혔다

바다

섬 두 개, 바다 위에 떠 있습니다

적당한 거리를 유지하며
파도에 결박당한 허리 펴지 못하고
막막해진 의식이 표류하고 있습니다

큰길가 보일러공을 따라간 아내
풍랑 일면 바닷길 잃어 못 올 거라며
하루 내내 목 빼어 바다를 지키던 남자가
저벅저벅 바다로 들어가 섬이 된 그날,
부엌에선 맑은 물이 팔팔 끓고 있었습니다

귀신 씌여 집 나간 거라며
웃으며 죽은 돼지머리 골라 삶고
굿 한판 벌이자고
착한 아내는 꼭 돌아올 거라던 남자는
운해 속 봉긋하니 올라온 섬 하나 보고
저벅저벅 바다로 들어갔습니다

굿판에 올려진 돼지머리
남자를 불러내고 있습니다

통증

구름에 가려진 달이 저물고 있다

위태로운 긴장이
가슴을 후비는 통증으로 남는 밤

우리가 나누었던 무수한 이야기들을 버리고
돌아서야 했던 그 바닷가에 가고 싶다

불꽃놀이 하다 떨어진 불똥에 손이 데었던 무창포 바닷길
모래 위에 촛불을 켜고 와인을 나누던 대천 바다
일몰을 보던 물 빠진 채석강에도 가고 싶다

팽팽한 긴장이 외줄을 타는 오늘 같은 날에
붉어지던 당신 눈처럼
내 눈도 붉어지고 있다

퍼즐 조각

거울 속 낯선 얼굴로
몇 권의 책장이 넘겨지는 오후

출렁거리는 볼에선
더운 김이 모락모락 피어나고요
흩어진 퍼즐 조각
줍지도 못하고 서성거리는데요

한줌 쥔 티셔츠로 얼굴을 닦다가
찌그러진 얼굴을 탈탈 펴는 아버지는
이제는 '허리 펴고 눕고 싶다' 하시네요.
언제 적부터 자리를 잡았는지
밤새 긁은 겨드랑이가 빨갛게 부풀고 있었거든요.

바람 부는 날

바람 타는 냄새가 났다

추수를 마친 들에선 짚풀 태우는 연기가 올랐다
끼니 거르며 일군 뙈기밭에
어머니는
벽지처럼 붙여야 했던 상장을 가져다준 너를 묻었다
날마다 배꽃 같은 아들을 찾느라 돌고 있는 하늘을 보고
계셨다

늦은 밥상을 차리고
발이 저린 어머니를 부추겨 오는 그 밤에
바람은 숨죽여 타고 있었다

밤새 바람 타는 그 논길을
동생이 기르던 강아지와 거닐고 있었다

해설

그렇게 소녀가 되어갈 무렵

이창환 문학평론가 · 백제예술대 교수

언어로 세계를 읽어내고자 하는 시인들은 대상에 대한 간접화 또는 매개화라는 고통스러운 사유의 지대를 통과하기 마련이다. 하지만 그런 공통분모에도 불구하고 시가 다양한 모습으로 개인차를 갖는 것은 개인의 구체적 삶의 경험이 외부 세계와 만나면서 각기 다른 방편으로 세계를 해석하기에 그만큼 다채로운 무늬를 빚어내는 것은 누구나 생각할 수 있는 것일 것이다. 시인이 상상력을 통해 삶의 경험을 시 작품으로 만들어내고 세계를 자기표현 발화를 통해 해석하는 행위는 결국 존재에 대한 자기 정체성과 관련된 일이기에 그에게 있어 시를 쓰는 일은 거부할 수 없는 절대순응의 길이며 고뇌를 짜서 치유의 즙을 얻는 자기 구원법이라 할 수 있을 것이다.

그러나, 뒤늦게 작가가 창조한 작품 세계 속에 참여한 독자는 작품을 아무리 꼼꼼하게 읽어도 작가와 독자의 가치관이 서로 다른 주관성을 가지고 낯선 얼굴로 일정한 거리를 두기 때문에 자칫하면 의미를 왜곡하여 받아들일 개연성이 많다. 작품을 읽는 동안 독자로서의 편견과 선입관이 끼어든다는 한계를 인정하며, 내가 작품과 나누는 대화를 통해 변증법적인 변혁을 겪고, 나와 작품 사이에 존재하는 상호 부정과 또 상호 긍정을 통해 내가 가지고 있던 그것들이 작품 속에 미리 있었던 것처럼 변모해 가기를 기대하며 작가가 갔던 길을 탐색해본다.

한 작가의 작품 세계를 바라보고 그 의미를 천착하는 과정은 무척 어렵고 관점에 따라 다양한 해석이 있을 수 있기에 상대적 다원주의의 관점을 벗어나 단순한 방식으로 접근한다. 필자의 좁은 시야로 발견한 곽정숙 시인의 시 작품들의 주요 특색은 먼저 '죽음'의 이미지가 많이 등장했고, '지금, 여기'에서 옛날 그곳을 바라보는 회상 시제가 눈에 많이 띄었으며, 가족 서사 구조의 형식을 빌린 작품들 중에 '아버지'라는 존재가 갖는 의미를 무시할 수가 없었다는 점이다. 그리고 객관적 상관물이나 대타적 존재로서 주변 이웃들의 삶을 서사 형식의 비하인드 스토리(behind story) 방식으로 보여주는 것도 주목할 만하며, 간혹 남성적 인격의 탈을 쓴 남성 화자의 등장은 '아니무스

(animus)'의 편린으로 풀이될 개연성이 있다는 점 등이 특색이다.

한편, 작품들의 내용에 따라 많이 등장하는 주제들을 찾아본다면 크게 죽음이나 헤어짐으로 인한 상실의 고통과 상처를 노래한 작품들, 관계의 단절과 소통 사이의 갈등과 화해의 모습을 제시한 작품들, 세월의 흐름 속에 그에 대한 변화를 인식하고 성찰한 작품들, 객관적 상관물이나 일상의 주변 이웃들과 같은 대타적 존재를 새롭게 응시한 작품들로 나누어 볼 수 있었다. 물론, 한 작품 속에 한 가지 주제만 담겨 있는 작품들도 있었지만, 경우에 따라 짤막한 시 형식 속에 사연이 담긴 '이야기'를 담고 있기에 둘 또는 세 가지 이상의 주제가 함께 버무려진 작품들도 많았다. 또 공통된 주제의 작품들을 일관된 서사적 줄거리의 연작으로 가상하며 읽어봐도 무리가 없을 듯한 경우도 있었다.

1.

「로사 오도라타(R. odorata)」「마징가의 힘」「새벽 3시」「속도」「영정 앞에서」「오월」「소주」「꽃이불」「통증」「바람 부는 날」 등의 작품들은 죽음이나 헤어짐으로 인한 상실의 고통과 상처를 노래한 것들로, 작품의 수는 적었지만 무척 아팠다.

비가 내릴 거라는 예보도 없이 비가 내렸다

우산이 없는 사람들
웅크린 가슴 안에 머리를 집어넣고 뛰어가는데
온몸으로 비를 맞는 그녀가 여유롭다
예보 없이 내리는 게 어디 비뿐이랴!
사랑도, 이별도, 죽음도
예보 없이 찾아온다

빗물에 젖은 상처는
자꾸만 연고를 밀어내겠지만
소독을 하고 반창고까지 눌러 붙이고 나면
꼼짝없이 갇힌 상처는 흉터로 남아야 한다
새살로 돋아야 한다

오월의 비는 단맛이 난다

—「오월」 전문

시의 화자는 예보 없이 내리는 비를 피하지 않고 온몸으로 맞는 그녀처럼 인생사에 예고 없이 찾아오는 사랑과 이별, 죽음 등이 남긴 상처가 고통스럽겠지만, 그것을 당당하게 받아들여야만 흔적에 새살이 돋는다고 진술하고 있다. 5월은 살아 있는 모든 것들이 소생하며 푸르게 약동하는 계절이고 봄비는 그 생명력을 부여하며 축복처럼 대지를 적셔준다. 화자는 봄비의 생명력이 고통의 상처를 낫게 하여 새살을 돋게 할 수 있다고 믿기에 단맛이 난다고 하고 있다. 물론 모든 것은 상처가 "흉터로 남아야 한다", "새살로 돋아야 한다"는 당위적 진술을 통해 표현했던 것처럼, 상상 속에서 시적 화자가 믿고 싶은 소망이다. 그렇기 때문에 종결어미로 보면 보편적 일반 사실을 진술한 2연 후반부의 '찾아온다'는 현재 시제이지만, 과거 시제로 표현된 첫 연의 '비가 내렸다'처럼 실제로는 시적 화자가 경험했던 개인적 구체적인 과거 사실이며, 마지막 연의 '단맛이 난다'는 현재 시제로 표현됐지만 3연의 '돋아야 한다'와 마찬가지로 당위적 어법의 미래 시제로 파악해야 옳을 것 같다. 1연과 마지막 연은 각각 1행씩이 수미상관으로, 1연은 외부 세계의 객관적 진술이며 마지막 연은 화자 내부 세계가 관조한 소망적 사고의 표현인 것도 흥미롭다.

벽에 거꾸로 매달린 채 몇 년이 지난

꽃을 떼어낸다

곰팡이가 핀 꽃잎들
손끝이 닿을 때마다 부스러지고

한 번쯤,
지난 시간을 정리했어야 했다
배설되지 못한 시간이 굳어지기 전에

(중략)

내일은
오랜 기억이 탈색된 벽에
빨간 장미 한 송이 걸어야겠다

—「로사 오도라타(R. odorata)」 부분

'아름다움, 기쁨, 밝음'의 상징인 꽃이 '단절, 폐쇄, 절망'의 상징인 벽에 걸려 몇 년 동안 자연 속의 생명력을 상실한 채 말라간다. 하나하나 소중한 추억들을 표상하는 그 여린 꽃잎들이 상처와 고통으로 곰팡이가 피어 부스러져 가는 것이다. 미련으로 미처 정리하지 못했던 과거를 후회하며 현재의 시적 화자가 깨달은 성찰은 스스로 그것들을 잊고 정리한 다음에야 새로운 시작을 할 수 있다는 것이었다. 그렇기에 불행했던 과거를 다 지워버린 "오랜 기억이 탈색된 벽에" 열렬한 사랑을 꿈꾸며 "내일은 빨간 장미 한 송이를 걸어야겠다"고 미래에 대한 다짐을 하고 있다. 그러나 살아 있는 자연 생명체로서 뿌리내린 꽃을 가꾸지 않는 이상 그 과정은 순환 반복될 수밖에 없고 그래서 화자의 정신적 유랑은 아직 끝나지 않았다는데 근본적 슬픔이 있는 것이다.

> 횡단보도 빨간불이 깜박이기 전
> 속력을 내야 한다고
> 그래야 건널 수 있다고 재촉하지만
> 나는
> 서서히 브레이크를 밟는다
>
> (중략)
>
> 녹색불이 켜지고
> 브레이크를 밟았던 다리는
> 심한 통증에 중심을 잃고 만다
>
> —「속도」 부분

멈춤 · 금지 · 위험의 순간을 지나치기 위해 속력을 내야 한다고 한 차를 타고 있는 동승인이 재촉하지만, 과거의 경험상 가속도가 붙은 바퀴는 나중에 생채기를 내고 멈추기에 닳아 헐거워지면 결국 계속해 불편을 준다는 것을 알기에 서서히 멈춰 섰다. 그러나 희망 · 새출발의 신호인 파랑불이 켜진 후에도 서서히 멈춰 서며 제동장치를 밟았던 다리가 오히려 심한 통증으로 중심을 잃어 다시 출발하지 못하는 모순된 상황을 보여준다. 상처에 대한 고통의 기억 때문에 새로운 시작의 기회가 왔어도 두려워 출발하지 못하는 과거 어둠의 흔적을 보여주고 있다.

2.

「오후」「폭우」「그녀가 없다」「그대에게」「기호」「사랑」「36.5도」「변비」「육체모독」「가을」「그녀가 웃고 있다」「벽 1」「벽 2」 등의 작품들은 관계의 단절과 소통 사이의 갈등과 화해의 모습을 제시한 작품들로 보았다.

어둠을 갉아 먹으며 자라는 벽은
늘 배가 고팠다
빛바랜 결혼사진도
해가 바뀐 지 오래인 달력도
모두 먹어치웠지만 허기는 가시지 않았다

사랑에 목이 마르고
묵은 정에 애가 타지만
너에게로 가는 길
너무나 멀어 지쳐간다

밤새 언 땅
아침햇살에 녹아내리듯
너에게 다가가는 무거운 마음도 녹아내려
따사로이 다가가고 싶다

—「벽 1」 전문

좌절과 절망, 죽음 등을 의미하는 '어둠' 속에서 자라난 단절과 폐쇄의 '벽' 앞에서 과거의 행복하고 빛났던 순간을 떠올리며 현재의 고통을 극복하려고 노력했지만, 상대방과의 소통 단절은 사랑과 정을 갈구하는 화자로 하여금 끝없는 기다림의 시간으로 지치게 하였고 정신서 히기만을 키우게 하였다. 사실 여기서 벽과 어둠의 관계를 인과론적으로 보아서는 단절과 폐쇄가 원인이 되어 좌절과 절망이라는 결과를 낳았겠지만, 화자 내부에서 자라나는 생명체로서 마음의 벽이 주체이기에 표현상 하자 없이 수용된다. 1연의 과거, 2연의 현재에 이어 3연의 미래라는 시간적 순서에 따라 시적 화자가 소망하는 미래는 어둠의 시간이 지나고 새날을 맞이해 상대방과 정신적 거리를 좁히는 따사로운 소통의 화해를 하는 것이다.

옥상에서 서너 해를 보낸 의자를 들자
검은 뼈대를 감사고 있던 푸른 비늘이
마른 잎처럼 부서져 내렸다

(중략)

푸른 비늘을 털어낸 의자는
연분홍 페인트칠을 하는
당신 손에 다시 태어나고 있다

—「사랑」1, 4연

비상과 희망의 빛깔로 시작했던 과거의 청순했던 사랑은 죽음의 검은 뼈대만 남긴 채 칠이 벗겨지고 이제 설렘과 행복한 사랑을 꿈꾸며 당신의 손길로 리모델링되고 있다. 1연부터 3연까지는 과거 시제로 그만큼 과거의 어둠이 중압감을 주고 있음을 의미하며 현재 시제로 진술한 4연의 새로운 시작도 화자의 자발적인 참여가 아니라 당신 손에 수동적으로 이루어지고 있다. '의자'의 소명은 누군가 편안히 앉아 휴식을 취하게 하는 것이기에, 필요가 없으면

버려지게 될 것이다. 그 소명을 다하지 않는 이상, 돌보지 않는 의자는 세월이 흘러 그 연분홍 칠도 다시 벗겨질 것이고 누군가 새로 단장을 하지 않는다면 부서질 것이다.

갈 곳 잃은 이는 안다
기침은 길고도 끈질기다는 것을

온기 잃은 지 오래인,
암내 난 고양이의 사랑 놀음만 무성한 간이역에
어제보다 늦은 잠을 청하는 밤은

19세 관람 불가인 영화의
여주인공이었다는 그녀를 껴안고
참았던 욕정을 뿜어내는 시간이었다

(중략)

마른기침을 멈추고
아직은 더딘 기차를 기다리는 동안
그녀의 젖은 몸도 마르고 있다
몸을 웅크려 다른 생으로 화하는 관세음보살이다

—「육체모독」 부분

기침은 호흡을 할 때 몸에 해로운 이물질이 기관지에 들어오면 밖으로 밀어내는 생리 현상이다. 목적지 없이 방황하는 화자지만 육체적 생존 욕구는 남아 기침을 통해 본능적으로 무엇인가를 한다. 간이역은 역무원이 배치되지 않고 기차가 정차만 하는 곳으로 목적지로 가기 위해 기차를 갈아타는 장소이다. 기다리는 기차가 올 때까지 잠시 머물렀다 가는 곳이기에 그곳을 지나는 사람은 그곳의 삶에 대해 아무런 책임이 없다. 잠시 머물다 떠나는 간이역처럼 그녀의 삶에 아무런 책임을 지지 않아도 되는 거리의 여자와 함께한 하룻밤. 기다리는 수많은 남자가 머물다 간 간이역 같은 길거리 여자와 육체적 욕망을 탐닉해도 근본적인 존재의 허무는 사라지지 않는다. 가까이 함께 있어도 정신적 사랑은 없기에 더욱 먼 관계. 그녀가 말하진 않았지만 과거 기억 속의 여자처럼 발기 부전을 비난하는 것 같았다. 생의 의욕이 없는 화자에게 종족 보존의 생존 욕구는 아무런 의미가 없고 더구나 사랑 없이 돈으로 맺어진 일시적인 관계이기에 정상적인 결합은 된 것 같지 않다. 쓸데없는 오버(over)로 인한 마른기침이 멈추고, 아직은 더디지만 생의 허무를 벗어나게 해주는 소통 수단인 기차를 기다리는 동안 잠을 자는 그녀도 변하고 있다. 다른 삶을 꿈꾸고 있는 듯한 그녀는 삶의 고통과 괴로움으로부터 잠시나마 벗어나 그녀가 타인을 구원하는 존재로 변하는 것같이 인식된다. 남성인 시적 자아는 삶의 목표를 잃고 갈 곳 없이 떠도는 정신적 유랑이지만 끈질긴 생존 본능으로 몸은 해로운 것을 거부하고 육체적 욕망을 갈구한다.

예전에 영화 주인공이었던 화려한 과거가 있다는 거리의 여자와 함께 육체적 사랑을 나누었지만 아무 의미가 없다. 함께 있지만 진실로 소통하지 못하고 자기 세계에 따로 존재하는 소외와 고립으로 그녀와 정상적인 육체적 결합을 이루지 못한 것 같지만 기다리는 기차를 타면 세계에 대한 거부는 끝나고 삶의 허무와 괴로움으로부터 구원받을 수 있을 것 같다는 암시를 받는다.

결말 부분을 제외하고는 '삶의 비극적 의미와 허무, 소외와 고립, 책임과 선택의 문제' 등 마치 실존주의적 세계관을 1인칭 화법으로 '의식의 흐름'과 함께 표현해 모더니즘의 체취가 묻어나는 작품으로 보인다.

줄지어 서서 머리를 조아린다

배시시 미소만 지을 뿐인 그녀 앞에서
자신의 이름을 맞게 썼는지 확인하며
흰 봉투를 건넨다

안내를 받으며 자리를 잡은 그들은
육개장에 밥 한 그릇 뚝딱 해치우고
소주잔에 지난 시간을 묻는다
그녀는 말없이 빈 잔을 채워준다

(중략)

남자들을 위해 마지막 기도를 올리고 있다

—「그녀가 웃고 있다」 부분

미소를 짓고 있는 그녀의 영정 앞에서 문상을 온 조문객들은 줄지어 인사하고 조의금을 낸 후 밥상을 받고 고인과 지난 시간의 인연을 반추한다. 발인하기 전, 아직 저승의 레테 강을 건너지 않은 그녀는 평소 살아서 했던 걱정들을 하며 남은 자들을 위해 마지막 기도를 하고 있다. 첫 연과 마지막 연은 각각 1행으로 처리해 1연은 객관적 외부 세계를, 마지막 6연은 상상 속에서 주관적 내면세계를 표현하고 있다.

3.

「철새」「완식이 엄마」「황등초등학교」「외출」「버퍼링」

「그릇 닦는 여자」「심포항」「삼불사(三佛寺)의 밤」「불꽃」「정(井)」「사진」「노을이 질 때」 등의 작품은 세월의 흐름 속에서 그에 대한 변화를 인식하고 성찰한 작품들로 보았다.

산사의 밤, 눈이 내린다
귀가 열리자 눈이 먼 노승이
밤새 눈의 발자국 소리를 뒤따르며
속진의 지난 시간만 자꾸 붉게 물이 든다

스님의 아버지는 구두수선공이었다
평생을 길에서 남의 낡은 구두를 수선하며
굽은 손마디가 가로수 마른 가지처럼 말라갔던 아버지
그 아버지가 말없이 한 생을 보내며 갔던
길 위에서의 삶을 이제 그가 묵언으로 받아서
이 밤도 잠들지 못하고 목어가 되고 바람도 된다

겨울이 가고 봄날 오후 내가 막 어린 잔때를 벗고
복사꽃처럼 포롱포롱 물이 오르던 사춘기 때였던가
나는 나비가 되고 싶었지만, 아버지는 구두수선공이었고
그때부터 내가 걸어 다녔던 길은 골목골목 어두운 길이었고

흘러도 흘러가지 않던 깊고 검은 물속이었다
그때마다 아버지는 말없이 내 등을 쓰다듬어 주시고
말 많은 세상에서 너희 남매만 지킬 수 있다면
내가 구두수선공이면 어떻고 한겨울 바람지기면 어떠냐고
빛바랜 마분지 위에 검은 구두약으로 서툴게 써주시곤 했다
이제 막 당신의 49재를 끝내고 그 말이 조곤조곤 잠이 드는 밤
속울음처럼 이제야 나직이 불러보는 당신의 이름
아버지!

바람도 없이 눈이 내리고
삼불사(三佛寺) 댓돌 위에 가지런히 놓인 고무신 위로
동백꽃보다 붉은 그 꽃빛으로 내 아버지 다녀가신다
걸어가신다

—「삼불사(三佛寺)의 밤」 전문

첫 연과 마지막 연은 외적 세계로 현재 시제이며, 2연부터 4연까지는 노승의 내부로 향한 핏빛 한 맺힌 사연의 번뇌로 과거 회상 시제이다. 고적한 산사의 밤, 밤새 눈이 내리고 삶이 얼마 남지 않은 노승은 지난밤 내내 속세의 가장 끈끈했던 인연인 아버지에 대한 회상으로 잠들지 못

한다. 아침이 되자 늙어 눈이 어두워 귀의 감각에 의존해 사물의 존재를 인식하는 노승은 밤새 내렸던 눈길을 걸으며 지난밤 번뇌의 흔적을 더듬어 본다. '밤'과 '눈', '붉게 물이 든다' 등의 시각적 이미지의 대비가 감각적으로 생생하게 느껴진다.

2연은 과거이지만 지난밤을, 3연과 4연은 과거 회상을 서사적 기법으로 표현한 더 먼 과거를 표현했다. 삶은 그 원천이 어둠 속에 가려져 있고 그 끝장 또한 다를 바 없어, 칠흑의 어둠 속이기에 어둠은 존재의 뿌리이다. 하지만 어둠은 종종 '죽음, 절망, 허무와 무의미, 별리와 단절, 삶의 일회성과 한계' 등 삶을 부정하는 상징으로 쓰였었다. 한편 사람들은 보고 싶은 마음이 사무치면 눈을 감고 자기 내면의 어둠 속에 잠긴다. 바깥을 내 안에 있게 하는 눈짓인 것이다. 밤으로 표상된 어둠의 시간에 눈을 감은 것과 다름없는 눈 먼 노승이 자기 존재의 뿌리인 아버지와의 핏빛 붉은 사연을 사무치게 회상하는 것은 그도 머지 않아 남은 삶을 정리하고 어둠 속으로 걸어가야 할 때가 되었다는 것을 느꼈기 때문일까?

평생 고통의 삶을 살았던 아버지를 회상하며 지난밤을 잠들지 못하고, 아침 예불 시간에 맞춰 치는 깨우침의 목어가 되기도, 머물러 있지도 않고 제 모습도 없는 바람 같은 불안과 무상(無常), 그 흔들림의 번뇌도 된다 했다. 봄날 나비가 되고 싶은 꿈을 꾸었지만 구두수선공이었던 아버지를 부끄러워했기에 그 절망이 삶의 발목을 잡았었던 기억, 정신적 버팀목으로서의 아버지의 존재를 깨닫고 49재를 끝낸 후 참회의 울음을 삼켰던 기억 등이 주마등처럼 스쳤었다.

마지막 5연은 1연과 이어지는 현재 시제로 아침이 되어 눈길을 걸으며, 결국 붓다의 가르침은 세속과의 단절이 아니라 마음 흘러가는 대로 모든 인연을 수용하고 끊임없이 정진하는 것이 참된 도리라는 깨달음을 얻고 정신적 방황으로부터 되돌아온다는 내용을 말하고 있다. "바람도 없이", "댓돌 위에 놓인 고무신" 등의 표현이 그렇게 함축된 의미를 담고 있다고 풀이된다. 댓돌 위 스님의 신발 위로 '자랑, 겸손한 마음' 등의 꽃말을 가진 동백꽃보다 진한 속세의 인연이 스쳐간다. '순결, 순수, 표백'의 상징으로 눈의 의미를 전제한다면, 눈길은 지난 것을 모두 덮어버려 괴롭던 과거가 말끔히 정리된 순화된 길, 정화된 길을 의미하기에 눈길을 걸으면 마음이 평화롭다. 그런 점에서 노승이 밤새 내렸던 눈길을 걷고 난 뒤 다시 불당으로 돌아와 정진한다는 시적 구도도 공감을 준다.

그릇도 나이가 들면 검은 반점이 생긴다
수세미에 닦이고 부딪히며 앓은 잔병치레로

주름지고 이가 나갈수록 생의 집착이 강해지는 법!

한때, 농사꾼의 걸쭉한 막걸리 잔이었거나
해산한 아낙의 미역국 그릇이었겠지만
이제는 제 몸 하나 거둘 수 없어
15도에서 22도 사이의 온도와
습도 55~60%를 정확히 유지하는
항온제습기에 의지하여 연명하고 있다

하얀 시트 위에 누워
주는 대로 먹고 싸고 뒹굴고 있다
그럼에도 정신은 살아 있어
또 다른 세상을 꿈꾼다

얼룩지고 검버섯이 피어오르는
낡고 오래된
이름표를 달고 외출을 기다리는 것이다

그 옆에서 나는
부어오른 얼굴을 매만져본다
점점 짙어지는 장밋빛 루즈를 바르며

—「외출」 전문

1, 2연은 세월이 흘러 낡은 그릇을 묘사해 3, 4연의 늙고 병든 환자의 모습과 견주어 닮은꼴을 비유하고 있다. 1연의 "생의 집착이 강해지는 법"이나 2연의 "연명하고 있다"라는 표현으로 미루어 오히려 그릇은 환자의 상태를 묘사하고자 하는 수단에 지나지 않는 것 같다. 3, 4연에서 환자의 모습이 살아 있다는 것은 육체적 몸짓일 뿐, 먹고 싸는 생리적 본능만 남아 인간적 존엄마저 찾아보기 힘들다. 그래도 정신은 남아 있어 생의 의욕을 포기하지 않고 건강 회복을 꿈꾼다. 비워야 채울 수 있는 그릇처럼 모든 욕심을 비운 그가 바라는 것은 일시적이나마 건강을 회복해 자기 존재의 의미를 세상에 알리는 행위, '외출'이다. 5연에서 처음 모습을 드러낸 화자는 그가 꾸는 꿈이 이루어질 것이라는 희망을 주기 위해 오랜 간병으로 부어오른 얼굴을 반복하여 단장해 함께 여러 차례 외출 준비를 한다. 처음부터 낡은 그릇을 통해 존재하는 것의 숙명을 이야기해 화자는 세월의 흐름 속에 존재하는 모든 것은 변화하고 또 언젠가 소멸할 것이라는 것을 알고 있다. 외출이라는 것은 반드시 돌아옴을 전제로 하기에 화자가 말하는 환자가 꾸는 꿈은 일시적인 건강 회복이지 젊은 날로의 회귀나 영원한 삶은 아닐 것이다. 또 '이름표'라는 것이 하나의 개체로서 자기 존재를 세상에 알리는 표시이므로 외출은 자신을 잊지 말고 기억해 달라는 의미의 행위

일 것이다. 1인칭 여성 화자인 '나'는 그의 옆에 있음으로써 가치 있는 존재가 되고 그가 바라는 소망대로 아름다운 외출을 함께 꿈꾸며 세월의 변화 속에도 변치 않는 마음을 간직하고자 하는 안타까운 존재가 된다.

4.

「도마」「콩을 고르며」「구두」「불거지」「새집」「장갑」「늦은 점심」「기찻길」「서화」「개나리꽃」「성주 이야기」「겨울 나무」「석류」「솔섬」「적벽강」「바다」「퍼즐 조각」 등의 작품들은 객관적 상관물이나 일상의 주변 이웃들과 같은 대타적(對他的) 존재를 새롭게 응시하고 해석한 것들로, 이 유형에 속한 작품들이 수적으로 가장 많았다.

어느 날부턴가 심장박동 소리가 커졌다
가끔은 풀벌레가 울고
교회 종소리도 들려왔다

아마도 누군가 터널을 만들고
사랑을 속삭이거나 고해성사를 하는 모양이다
가끔 기차가 지나가고
그때마다 나는

그 기차에 몸을 싣고 싶어 몸살을 앓았다

어릴 적,
기찻길은 동생과 나의 놀이터였다
지나가는 기차 밑으로 고개를 숙이고
건너편에 있는 동생과 이야기를 나누기 위해
있는 힘껏 목청을 높여야 했지만
더 빨리, 더 빨리 달려주기를 기도했다

기차가 꼬리를 감추기도 전에
납작해진 못을 줍다 여러 번 손을 덴 후에야
어머니는 돌아오셨지만
그런 날에는 유난히도 하늘에 별이 총총했다

찬물에 쉰 보리밥을 말아먹던 그날,
어머니는
처음으로 깨끗한 새 옷을 입고
병풍 뒤에서 며칠을 누워 잠을 잤다
그리고 기찻길을 건너간 어머니는 돌아오지 않았다

지금도 내 귀에는 터널이 남아
기차가 소리를 내며 지나가고

가끔 비도 내리지만

오늘은
모처럼 비가 그치고
하늘에는 별들 총총하다

—「기찻길」 전문

현재 시제의 끝 두 개 연을 제외하고 앞의 5개 연은 모두 과거에 대한 회상으로 이루어졌다. 과거에 대한 회상도 시간적 순서로 본다면 3연, 4연, 5연의 순차에서 1연, 2연의 순차로 풀이하는 것이 맞을 것 같다. 어릴 적 기찻길은 동생과 시적 화자의 놀이터로 화자가 기찻길을 사이에 두고 지나가는 기차 밑으로 기차의 소음을 뚫고 동생과 의사소통을 시도하는 공간이었다. 놀이는 '재미'를 본질적 요소로 삼고 자발적으로 행하는 것이기에 자유로운 것이며 일상적인 삶이 시간과 공간으로부터 일탈된 활동이지만, 놀이로써 의사소통을 목적으로 했다는 것은 그만큼 화자가 외롭고 누군가와 소통하고 싶었었다는 심리의 발로였을 것이다.

어머니가 돌아오실 때까지 보내야 할 무의미한 기다림의 시간보다 철로 위에 못을 두고 기차가 지나가 납작해진 못을 줍다 손을 덴 고통스러운 놀이의 반복이 차라리

나았고 그런 날은 별이 총총한 밤이었다. 만남의 기쁨을 위해 기다림의 시간을 고통스럽게 보냈던 슬픈 모습을 담담히 술회하고 있다. 그러다 죽음의 의미를 잘 이해하지 못했던 어린 시절, 어느 날 어머니가 돌아가셨다. 잘 몰랐었기에 돌이켜 생각하면 슬픔으로 가슴 먹먹한 그 사실을 "처음으로 깨끗한 새 옷을 입고/병풍 뒤에서 며칠을 누워 잠을 잤다/그리고 기찻길을 건너간 어머니는 돌아오지 않았다"고 표현했다. 그럼으로써 보다 효과적으로 절제된 슬픔의 정서를 시적 긴장미를 잃지 않고 독자들의 보편적 슬픔의 공감대에 호소하고 있다. 가족의 울타리를 벗어나 새로운 세계를 꿈꾸며 외부 세계에 관심을 갖기 시작할 무렵, 시적 화자는 소외와 고독한 삶을 사는 이곳에서 미지의 다른 곳으로 떠나가는 기차를 보며 성장통을 앓았다. 은밀한 사랑을 동경하며 낭만적 일탈을 꿈꾸는 화자에게 기차는 고통의 터널을 통과해 새로운 세계에 도달할 수 있는 소통의 교통수단으로 인식되었던 것이다. 마지막 연의 '별'의 이미지는 기차와 함께 화자에게 어머니를 기다렸던 시절을 상기시키는 객관적 상관물이다. 일반적으로 별은 눈에는 보이지만 손 닿을 수 없는 먼 거리에 있기에 '이상'을 상징하지만 이밖에 '꿈꾸는 사랑, 천상적 존재, 불멸' 등의 의미가 있다. 화자에게 어머니의 죽음은 '슬픔, 지상적인 일, 소멸' 등의 대립적 의미로 받아들여진다. 그렇기 때문에 별이 총총한 밤이면 어머니에 대한 기다림의 기억뿐만 아니라 별의 이미지와 상대적인 어머니의 죽음도 연상될 것이다.

흔히, 추억은 비생산적이고 자기 자신에 한정되어 보편성을 얻기 어렵기에 큰 주제 의식을 담기에 역부족인 면이 있다고 한다. 또 감상주의 내지는 소재주의에 빠지기 쉬운 함정도 거기에 있다. 하지만, 이 작품의 시적 자아를 찾는 통로는 현재나 미래가 아닌 과거로 열려 있음에도 불구하고 6연과 7연을 현재 시제로 마무리해, 현재 시점에서 과거와 현재가 소통하는 일종의 변증법적 사고를 통해 그 한계성을 극복하고 있는 점이 주목할 만하다.

뒷산 옴팍 집에 살던 전씨의 손을 한 번도 본 일이 없다
장갑 속에 감추어진 두툼한 그 손이 늘 궁금했지만
어린아이 간을 빼먹는다는
순덕 엄마가 한 말 때문에 한 번도 가까이 갈 수 없었다
아버지는 어린 나를 앞세워 전씨를 자주 찾았지만
그때마다 그의 집 대문 앞에서 쏜살같이 내빼곤 하였다

(중략)

그렇게 소녀가 되어갈 무렵이었다

마당에 가득 피어 있는 꽃에 홀려
해가 질 때까지 혼자 놀았고
뒤늦게 찾아온 아버지는 방 안에 있는 옷가지들을 꺼냈다
아버지가 어둠 속으로 타오르는 옷가지를 뒤적일 때마다
전씨는 환한 웃음을 보이며 불 속에 서 있었다
두툼한 두 손이 박꽃처럼 희었다

—「장갑」 부분

뒷산 옴팍 집에 살던 전씨의 장갑 속에 감춰진 손이 늘 궁금했지만 아이의 간을 빼먹는다는 순덕 엄마의 말에 화자는 가까이 갈 수 없었다. 아버지는 어린 나와 함께 전씨를 자주 찾아갔지만 그때마다 나는 그 문전에서 도망갔었다. 전씨는 아이에게 호감을 살 만한 물건을 주며 관계 개선을 시도했지만 늘 다가가지 못했다. 여기까지는 누구나 한 번쯤 경험했음직한 충분히 공감이 가는 이야기이다. 물론, 손은 '연결, 관계, 소통' 등을 의미하고 장갑은 '보온, (위험으로부터의) 보호, 감춤' 등의 의미로 풀이되는 것도 어려울 것이 없다. 그렇게 세상에 자신만의 분별력을 갖추며 성장해 갈 무렵, 폐가가 되어 주인 없는 옴팍 집 마당에서 화자는 아름다운 꽃에 매혹되어 해가 질 때까지 전씨에 대한 두려움도 잊고 혼자 놀았고 뒤늦게 찾아온 아버지는 방에 있던 전씨의 옷가지를 불태웠다. 주인 없

는 방 안에서 옷가지를 꺼내어 불을 태우는 행위로 미루어 전씨가 이미 죽었음을 알아차릴 수 있다.

어둠 속에서 타오르는 옷가지를 뒤적일 때마다 전씨가 환한 웃음을 보이며 불 속에 서 있었고 그의 두 손은 희었다고 했다. 불은 밝음 · 따뜻함 · 열정 · 상승 · 소멸 · 정화 · 재생 등의 의미를 지녔는데, 화자의 상상 속에서 불 속에 재현되는 그의 이미지는 끊임없이 관계의 소통을 맺고자 했던 따뜻한 모습이었기에 밝게 웃음 띤 모습으로 재생되었다. 그리고 실제는 어떤 모습인지 몰라도 현실에서 그렇게 두려워했던 그의 손은 상상 속에서 박꽃처럼 흰 모습으로 정화되었다.

'그렇게 소녀가 되어갈 무렵' 꽃의 아름다움에 홀려 놀다가 발견하게 된 것은 타인의 죽음이었다. 소녀는 새로운 세계를 동경하는 꿈을 꾸고 외부 세계에 호기심이 많지만 그 낯선 만남을 불안해하며 두려워하기도 한다. 설렘으로 생의 아름다움만을 바라보기도 부족했던 시기에 낯선 타인이지만 관계 소통을 시도했던 그의 죽음은 그만큼 충격적이었을 것이고 안타까움으로 다가왔을 것이다. 아름다움을 꿈꾸었지만 그녀가 어둠 속에서 보았던 삶의 허무와 아픔은 오래도록 상처로 남아 무의식적으로 새로운 낯선 만남을 거부하게 했을지도 모른다.

5.

작가는 자기 지난 삶의 흔적을 시간의 강물을 따라 되돌아보고 어둠과 절망 속에서 키워온 맨살의 아픔을 진주 같은 회상으로 풀어냄으로써 자신의 세계를 진솔하게 보여준다. 사색의 프리즘을 통과한 경험과 사유의 그늘을 통해 시적 자아를 일으켜 세웠던 자기 정체성을 밝히고 존재의 뿌리를 탐색하고자 한다.

'사랑, 이별, 죽음' 등으로 시작했던 개인적 아픔은 시적 자아의 인격 성장에 따라 개인을 초월해 모든 존재하는 자들이 감당해야 할 보편적 숙명의 문제로 확대되어 관계의 단절과 소통 사이의 화해와 갈등의 문제를 고민하게 한다. 결국 세월의 흐름과 변화 속에서 그 이치를 깨달아 다양한 삶의 관점에서 받아들여야 했기에, 시적 자아는 본래성의 여성 화자로 말을 건네기도 하지만, 때론 사물이 되기도 하고 가끔은 남성적 인격의 탈을 쓰기도 하며 여러 해결책을 시도하는 것이리라. 객관적 상관물이나 대타적(對他的) 존재로서 주변 이웃들의 삶의 모습을 새롭게 응시한 시 작품들이 가장 많은 것도 그런 노력의 일환이라고 해석할 수도 있을 것이다.

상상력을 기반으로 사물을 스토리텔링(storytelling)하며 세계와 교호했던 작가적 탐색은 인생사의 다양한 인식론

적 문제들을 제기하였지만, '세월'과 '변화'라는 시간적 요소로만은 그 여정이 미처 마무리되지 않았다는 아쉬움을 준다. 앞으로 문학에 대한 열정으로 문운이 건창하길 빌며, 다음 시집을 기대해본다.

이 도서의 국립중앙도서관 출판시도서목록(CIP)은 서지정보유통지원시스템 홈페이지(http://seoji.nl.go.kr)와 국가자료공동목록시스템(http://www.nl.go.kr/kolisnet)에서 이용하실 수 있습니다.(CIP제어번호: CIP2013023951)

문학의전당 시인선 170

그렇게 소녀가 되어갈 무렵

초판 1쇄 인쇄 2013년 11월 20일
초판 1쇄 발행 2013년 11월 25일
지은이 곽정숙
펴낸이 김석봉
책임편집 이현호
디자인 조동욱
펴낸곳 문학의전당
출판등록 제311-2012-000043호
주소 서울시 은평구 연서로11길 7-5 401호
편집실 서울시 마포구 공덕2동 404 풍림VIP빌딩 413호
전화 02-852-1977
팩스 02-852-1978
블로그 http://blog.naver.com/mhjd2003
전자우편 sbpoem@naver.com

ISBN 978-89-98096-55-7 03810

* 이 책은 2013 전라북도 문예진흥기금을 받아 제작되었습니다.